일라울의 꽃

수향 김정순 시집

오늘의문학사

일라울의 꽃

| 서시 |

인연

덕학리 황년동 사람들 인연
일라울 사람들 인연
서대 사람들 인연

일라울 해가 놀다 가는 인연
일라울 마을 사람들 인연
산골 텃논 옹달샘 빨래터 인연
산골 교회 백발 할머니 지나간 인연

산골 교육자들 태어난 인연
산골 학자 마을 인연
산골 나태주 시인 머물다 간 인연
산골 박사가 태어난 마을 인연

사랑해
오늘의 소중한 인연들
달빛 아래 지푸라기 맷뱅이 멍석에 누워
별과 함께 그려본다.

| 목차 |

서시 ··· 5

작품 해설 _ 해밝은작은도서관장 박용주 ······· 10

Ⅰ부 야생의 꽃

고구마꽃 ·································· 21
민들레 ···································· 22
박주가리꽃 ······························· 23
산 잔대꽃 ································ 24
큰까치수염꽃 ···························· 25
왕고들빼기꽃 ···························· 26
검정깨꽃 ································· 27
무릇꽃 ···································· 28
야생 산란 제비꽃 ······················ 29
아주까리꽃 ······························· 30

접골목꽃 ·· 31

호박꽃 ·· 32

참깨꽃 ·· 33

조개풀꽃 ·· 34

칡꽃 ·· 35

엉겅퀴꽃 ·· 36

목화꽃 ·· 37

가을 연분홍색 싸리꽃 ···························· 38

해바라기꽃 ·· 39

야생 주홍서나물꽃 ································ 40

고마리(고마니)꽃 ·································· 41

물봉선화 ·· 42

세 잎 클로버 ······································ 43

토종 나팔꽃 ······································· 44

할미꽃 ·· 45

코스모스꽃 ·· 46

진달래꽃 ·· 47

개나리꽃 ·· 48

II부 인연의 꽃

징검돌다리 ·· 51
동혈사 소풍 ·· 52
일라울 왈츠 공연 ······································· 53
까마중 ·· 54
놋수저 ·· 55
보리타작 ·· 56
부부 사계절 ·· 58
둥시 감나무 ·· 60
비녀 ·· 61
학자 마을 ·· 62
앞산 태양 ·· 63
야생 산딸기 ·· 64
삿갓 식물 ·· 65
소 구루마 ·· 66
토종 뽀리똥 ·· 68
인생 노을 ·· 69
마을길을 거닐며 ······································· 70
봄 ·· 71

교회 집사님	72
닭의장풀꽃	73
추억 여행	74
동네 큰 샘터	76
일라울 마을 언덕 이야기	78
예배당 풍경	80
새뱅이	81
저녁 풍경	82

신인작품상

심사평	84
찔레꽃	86
산 참나리꽃	87
소풍	88
흰 코고무신	89
당선소감	91

| 작품 해설 |

생의 활력, 『일라울의 꽃』
― 수향 김정순 첫 시집을 읽고 ―

시인 박용주
수촌리 해밝은작은도서관 관장
한국문협 공주지부장 역임

    김정순은 우리 마을 의당(儀堂)의 시인이다. 시인이라 부를 수 있는 것은 그녀가 오래전부터 시를 써왔다는 이유 말고도 좋은 시를 썼다는 것이다. '좋은 시란 무엇인가?'를 굳이 논할 필요 없다. 시인의 시를 좋아하는 이웃 사람들이 많다는 사실 말고 무엇이 더 필요하랴. 그녀는 또한 '꽃의 시인'이다. 꽃을 좋아하는 정도가 아니다. 사랑한다. 사랑하는 정도가 아니다. 푹 빠져 산다. 집안 꽃밭의 꽃을 넘어 온 마을 꽃을 살피고, 보듬으며 밤낮 노래를 불러준다. 꽃들이 그녀를 만나면 활력을 얻고, 활짝 피어오른다.

    시집 I 부는 〈야생의 꽃〉이다. 참 정갈하지 않은가? 마을에서 시인이 보고, 사랑하고, 보듬어 주는 꽃들에게 빛나는 날개를 달아 주었다. II 부는 〈인연의 꽃〉이다. 참 우묵하지 않은가? 이웃 사람들과 마을 곳곳을 귀히 앙양시켰다. 그리고 작품

한 편 한 편이 노래다. 음표를 붙여 피아노 건반을 누르면 금세 해밝은 노래가 될 듯하다. 시인의 시는 쉬우나 가볍지 않으며, 간결하나 모자람이 없어 보인다. 난해하고 장황한 언어가 춤추는 지금, 온갖 시풍(詩風)을 섭렵하고 난 후 새로 내린 시(詩)의 '오래된 미래' 같은 느낌이다. 곳곳 순우리말도 아침 해처럼 반짝인다.

일라울(日羅울)! 이 아름다운 이름은 의당면 덕학리 마을 이름이다. '해가 머물다 가는 마을'이라는 뜻이다. 시인은 일라울에 '빠진' 사람이다. 일라울 사람, 일라울 꽃, 고샅길과 언덕… 할 것 없이 일라울 사랑에 빠져 산다. 그녀의 작품들에 나타난 소재들은 그녀의 마을 사랑의 극히 일부분이다. 그럼에도 불구하고 읽는 우리에게 곧바로 일라울로 달려가 마을을 누비고 다녀보고픈 충동을 일게 한다.

> 바람이 무더위를 몰고
> 고구마 고랑 따라
> 살랑살랑 지나간 뒤
> 연분홍색 고구마꽃
> 나를 반기네
>   - 「고구마꽃」 중에서

김정순의 시는 '살랑살랑' 지난다. 막힘이 없으면서도 헝클어지지도 않는다.

장구재 산골에서
우연히 만난
보랏빛 잔대꽃

긴 가지 아래
치렁치렁 매달려
보랏빛 고깔모자 쓰고
　　　　　－「산 잔대꽃」중에서

장 씨가 살았다네
능처럼 묘지가 있는 곳
산골이 짙어 진골
유월의 따가운 햇빛 아래
산속 길을 걷다 보니
딱따구리 쪼아대는 소리
　　　　　－「큰까치수염꽃」중에서

　범재, 장구재, 질마재, 새즘터, 진골, 등잔골… 김정순은 일라울 마을 언덕 곳곳 예쁜 이름을 정성껏 불러낸다. 마을 지명들이 잊혀져 간다. 슬픈 일이다. 시인의 본분이라는 것이 있다면, 아마도 그것은 사람이든 사물이든 '살리는 일' 아닐까?

질마재 소로길 밥 광주리
머리에 이고 산길 따라가던 길에
만난 인연 두 개

 초록 상투 꽃 초록 외다리에
 꼼보의 얼굴로 만난 분홍색 꽃
    - 「무릇꽃」 중에서

 문학은 사람으로 돌아온다. 꽃들을 찬미하는 것 같으나 끝내 사람으로 돌아온다. 시(詩)의 메타포는 그러므로 '기막힌 희열'일 수 있다. 김정순, 집안 형편으로 공교육의 끈은 너무 짧았으나 상상력과 표현력은 결코 짧지가 않다. 그래서 시인은 타고난다고들 하는가 보다.

 지게 지고 지나가는
 농부 아저씨
 들풀 사이로 시원한 바람 안고
 조개풀꽃 만지며
 푸적나무 하러 가네
    - 「조개풀꽃」 중에서

 일라울 시인 김정순의 작품들은 대개가 이토록 순순하게 간다. 그렇다고 진부함도 없어 보인다. 순우리말 또는 사투리를 시작(詩作) 시도하는 경우가 흔하지만, 읽는 이에게 자연스럽게 와닿는 것은 또 다른 숙제라 여겨진다. 김정순처럼 삶을 통해 풀어내지 못한다면 말이다.

 덕학리 일라울
 삐쩍 마른 키 큰 사내 새신랑과
 아궁이 재 고물개로

지푸라기 삼태기에 긁어 담아
오줌 부어 쇠스랑으로
앞뒤 저어가며 섞어 주었지
　　　　－「목화꽃」 중에서

진보랏빛 나팔꽃
여러 갈래 줄기 틀어
층층 꽃잎 사이
달덩이 얼굴 환히 내미네

구재길 지나 진보랏빛 나팔꽃 핀 밭둑
학자 마을 옛 청년들 환한 얼굴들도
오늘은 달덩이 되어 떠오르네

열 폭 꽃잎의 보랏빛 나팔꽃
가을바람이 마을 도랑
푸른 물결 휘감아
꽃향기 피우니
청년 농부들
얼었던 마음 깨우리라.
　　　　－「토종 나팔꽃」 전문

　꽃을 노래한다고 가냘픈 감성만을 내보이는 시인이 아니다. 일라울 마을의 '장수(將帥) 반장'의 힘아리가 느껴진다. 멋있는 사람 아닌가? 이것이 서사일까, 서정일까? 시(詩)의 얼굴은

하도 많아서 한마디로 정의할 수가 없다. 때로는 누름으로, 때로는 부추김으로, 우리를 들었다 놓았다 한다. 일라울 마을 청년 농부들을 '선동하는' 시인이라니….

   보리타작하던 날
   애롱애롱 왱왱거리며
   보릿단 보리 알갱이
   마당에 수북이 쌓이네

   뻐꾹뻐꾹 뻐꾸기 더위 몰고
   키 큰 남편
   밀짚모자 위로 날아가네
      – 「보리타작」 중에서

 김정순의 시들은 오롯이 시골에서 태어났다. 언어들 모두가 시골의 음악을 안고 태어났다. 그리운 '전원일기'를 다시 보는 듯하다. '키 큰 남자'를 평생 사랑하며 살아온 시인의 사랑이 시집 곳곳에서 묻어난다.

   앞산 진달래꽃
   뒷동산 산수유 피었네

   노랑나비 살랑살랑
   비둘기는 구구구
   햇님 머물다 지나가는 길목에
   〉

나는 소쿠리 들고

실개울 가에서

냉이, 달래, 씀바귀 캐러 가는

칠십 그림자 다가오는 어른 아이다

지는 해 노을 따라 봄날은 가는데

나도 그 길목에

하염없이 서 있네.

- 「봄」 전문

   소쿠리 들고 노을 지는 길목에 선 시인, 봄날은 가는데… 문득 먹먹하다. '삶'이란 단어를 끌어안고 울고 싶어진다. 우리는 모두 진달래처럼 조용히 피었다가 가는가? 봄은, 시인은 우리를 하염없는 서정으로 이끄는구나….

   시인은 예전 전라도였던 금산에서 의당으로 시집을 왔다. 부모 모시고, 남편 위하고, 자녀 교육하며, 집안일 마을 일을 마다하지 않고 했다. 대한적십자사 공주지구 의당 봉사회 회장으로서도 수많은 일을 해냈다. 그리고 지금 고희(古稀) 가까운 연세에도, 남편과 더불어 일하며 공부하는(남편은 명필 서예가임) 아름다운 분! 나로서는 어떻게 표현할 길이 없다. 특별히, 시인은 이번 처녀 시집을 출간하기 오래전 사비를 들여 『일라울(日羅洞) 마을의 역사』를 펴낸 적도 있다. 보통 사람이 아니다. 박수와 존경의 마음을 드린다.

   필자는 시인을 수촌리 해밝은작은도서관에서 종종 만난다.

차도 함께 마시고, 글 이야기도 나눈다. 뵐수록 생각과 글과 삶이 참 아름다운 분이다. 이번 처녀 시집 출간을 거듭 축하드린다. 시집 후반부 일부 작품들의 구성이 느슨하고, 이어지는 이야기들로 인해 '시적 긴장'이 덜한 아쉬움이 있긴 하나, 그래도 한 소절 한 소절이 정겨워서 좋다. 일라울(日羅울) 시인 김정순, 그녀는 우리 의당면 '꽃 시인'이다. "시는 무엇보다 먼저 노래다. 시는 세상의 청춘이므로 나무, 새, 구름, 별처럼 이 세상의 가장 해묵은 현실을 노래한다. 시는 어떤 본능의 자연스러운 연장이다. 비용, 베를렌느, 아폴리네르에 이르는 이상적 맥락을 염두에 둘 필요가 있다." 프랑스 비평가 마르셀 레몽(Marcel Raymond)의 말을 떠올려보며 어설픈 평설을 마친다. 김정순 시인의 문운(文運)을 빈다.

일러두기
_____

본문에 사용한 '>' 표시는 연과 연 사이의 '빈 줄'을 나타냅니다.

I부
야생의 꽃

고구마꽃

바람이 무더위를 몰고
고구마 고랑 따라
살랑살랑 지나간 뒤
연분홍색 고구마꽃
나를 반기네

먼 데서 사찰 스님
목탁 두드리며
염불하는 소리 들리는데
들녘 고추잠자리도 춤을 추며
가을 길 재촉하네

황토 흙 속 고구마
어느새 결실 맺어
주렁주렁 빨강색 얼굴 내밀며
땀 맺힌 농부의 얼굴에
행복을 심어주네.

민들레

봄 들녘에 노랑색 민들레가
하얀색 백발 되어 하늘하늘
손짓 인사로 파란 하늘 아래
해님 바람 타고
한 폭의 그림으로 날아가네

뭉게구름 사랑의 하트 되어
결실기의 부드러운 솜털로
어디론지 하염없이 뿌리를 내리려
덕학리 일라울 마을 속
아늑한 흙 속으로 시집 장가가네.

박주가리꽃

일라울 해 뜨는 학자의 마을
논두렁 얼기설기
한 줄기 박주가리 꽃잎에
벌 한 마리 사뿐히 내려앉아
아침 이슬 세수하듯
꽃향기에 취해 있네

아름다운 꽃 무리 피어
나의 여린 볼처럼
한 줄기 매달린
뾰죽한 열매를 쪼개며
한 폭의 박주가리 꽃잎에
벌 한 마리 내려앉아
아침 이슬 세수하듯
꽃향기에 취해
아름다운 꽃 무리를 만들고 있네.

산 잔대꽃

장구재 산골에서
우연히 만난
보랏빛 잔대꽃

긴 가지 아래
치렁치렁 매달려
보랏빛 고깔모자 쓰고

활짝 핀 입술로
피리 불며
보는 이를
따스하게 맞아주네.

큰까치수염꽃

장 씨가 살았다네
능처럼 묘지가 있는 곳
산골이 질어 진골
유월의 따가운 햇빛 아래
산속 길을 걷다 보니
딱따구리 쪼아대는 소리

누가 보아주는 사람 없어도
우아한 자태를 뽐내며
새 소리 바람 소리에 맞춰
댕기머리 꼬리처럼
흔들흔들 고개 숙여가며
나를 보며 춤을 추네.

왕고들빼기꽃

범재 논두렁길을 걷다 보니
들풀꽃
고들빼기꽃이
반갑다 인사하네

그 모습에 반하여
그 모습
눈과 가슴에 담아본다

청순한 자태로
한 잎 한 잎
주름진 해님 얼굴로
보는 이의 손을
놓아주지 않네.

검정깨꽃

아침 이슬 마른 뒤
문 앞 텃밭에
초록색 옷 갈아입고
연분홍색 화장하고
햇님 사랑 속에
웃고 있는 꽃

별빛 입술에 분홍
립스틱 짙게 바르고
활짝 웃고 있는
검정깨꽃 자태가
지게 지고 지나가는
농부의 마음
어쩌라고, 어쩌라고
흔들어 놓네.

무릇꽃

금반장 굽은 좁다란 신작로가
내려다보이는
새즘터 구길 자갈 흙길
일라울 옛 길주네 아저씨 우마차 몰고
광정 장 가시던 길

질마재 소로길 밥 광주리
머리에 이고 산길 따라가던 길에
만난 인연 두 개
초록 상투 꽃 초록 외다리에
꼼보의 얼굴로 만난 분홍색 꽃

잎 띠 둘러 피워낸 꽃
너를 보는 여름 햇살
꽃향기 풍기며 질마재 비탈길
지나는 산 능선 줄기

노랑나비도 바람과 함께
꽃잎 위에 살랑살랑 따라 춤추네
여름, 가을 하늘 아래
수놓으며 질마재 고랑 서당터
옛 친구가 되어주네
연분홍 꽃 초록 상투 꽃.

야생 산란 제비꽃

학자 마을
태양이 떠오르는 앞산 언덕
봄바람 살랑살랑 지나가네

지나는 길에
보랏빛 산란 너를 만난 인연

하늘로 뻗어 한 폭의 그림처럼
꽃 피워 올린 뒤
형제들로 봄바람 노래 부르니

마을 서당터까지 퍼져 나가
봄바람 꽃향기 메아리 되어
함박웃음으로 지나는 나를 반기며
봄소식 들려주네.

아주까리꽃

옛 돌담장 넘어
곱게 핀 아주까리꽃
어린아이 입가에 침방울처럼
톡 터지는 뭉게구름 꽃망울 꽃

옛 초가집을 그리워하느냐
시골 아낙네들
고운 꽃 너에 반해
주렁주렁 회색 빛깔 열매 부여잡고
꺾어 마을 길

마을 길모퉁이
아주까리꽃 열매
반짝반짝 고운 자태
드러내며 빛나네.

접골목꽃

높은 쟁이 봄바람 따라가다 보니
다랭이 논두렁 왕 개구리 물속으로
풍덩 헤엄치네

초록빛 잎사귀 속
붉게 타오르는 열정을 숨기고
청초하게 피어나는 화려한 꽃

높은 산 북쪽
산고랑을 다 차지하고
지나가는 날다람쥐 손 비비며
붉게 핀 접골목꽃 가지 잡고
속삭이며 놀아주네

일찍 설거지한 시골 아낙네
서늘한 곳 터 잡고 앉아
붉게 타오르는 꽃잎 수놓으며
솥작새 우는 달밤을 기다리네.

호박꽃

옛 돌담장 밑
뜨거운 8월의 아침
동이 호박꽃 속
매미 한 마리

황금 꽃잎
다섯 폭 위에 펼쳐진
병풍 꽃 속에 앉아
노래 불러주는 호박꽃

모든 꽃이 시든 뒤
주렁주렁 열매까지 선물하니
꽃 중의 꽃이로구나
알뜰한 호박꽃.

참깨꽃

삼거리
밭고랑

청아한
하얀
참깨꽃

벌 한 마리
꽃향기에 취해
손발 얼굴에
꽃가루 화장하네

누가 볼까 봐
벌 소리만 앵앵

어느 여름날.

조개풀꽃

새즘터 고개
지나가는 길가에
참 도토리나무
퍼질러 앉은 곳
풀숲 속을 스쳐 만난
초록대 가지 잎 사이로
사닥다리 층층 매달려
피워낸 예쁜 조개풀꽃

여름 하늘 높은 줄 모르고
고개 숙여
수줍음 감추며 핀 꽃

지게 지고 지나가는
농부 아저씨
들풀 사이로 시원한 바람 안고
조개풀꽃 만지며
푸적나무 하러 가네

찌르륵 매미 울던 여름.

칡꽃

등잔골에서 만난
한 줄기의 칡꽃

아침 이슬 맞고
곱게 피운 꽃

가시 되어 고운 임 보고
고개 숙인 연보랏빛 얼굴

꽃가방 등에 지고
산속 길로
한 줄기 줄 잡고

폭의 꽃 그림 만들어
소풍 가느냐

칡꽃의 강렬한 자태여!

엉겅퀴꽃

범재골랑 가는 길에
마을 골골 골짜기
실개울 물 모여
굽이굽이 돌고 돌아
범재 도랑 무수히 흘러가네

꼬끼오 꼬꼬 꼬꼬댁
장닭 울음소리에 놀라
개구리들 첨벙첨벙
둠벙으로 뛰어드네

닭장 옆길
초록 꽃뱀 길 안내하듯
스르르 버스럭 앞서가네

분홍색 주름진 얼굴이
나를 반기네
엉겅퀴 꽃송이 모두 모여
뾰족뾰족 서 있는 길
날아가는 뻐꾸기 노랫소리
장단 맞춰 춤을 추네.

목화꽃

목화 꽃송이 씨
나즈막한 뒷동산 너머
붉은 태양 파란 하늘 아래
질마재 밭
뒤간 오줌장군 모아둔 오줌 한가득

덕학리 일라울
삐쩍 마른 키 큰 사내 새신랑과
아궁이 재 고물개로
지푸라기 삼태기에 긁어 담아
오줌 부어 쇠스랑으로
앞뒤 저어가며 섞어 주었지

백옥 같은 하얀 솜털 목화꽃씨
오줌으로 목욕하니
고운 씨 새까만 얼굴 되고 말았네

아궁이 회색 재 가루 분 바르고
질마재 서당터 뒤 밭고랑에
시집 장가 살림 차려 내보냈네
추억의 봄날.

가을 연분홍색 싸리꽃

해 머무는 학자 마을
싸리꽃 지천으로 피어 흐드러지던 날
가을바람 노랑나비 살랑살랑
열네 살 지게 지고 소 몰고 가는
생일꾼 키 큰 꺽다리 청년 낭군을 따라
18세 순이는 시집을 왔다네

목화 꽃송이 쌓인 파란 잔디 펀덕에
시어머니와 마주앉아
꽃송이 솜을 뽑아 대소쿠리 한가득 담아낼 때
질마재 산 가을 언덕
실바람 타며 분홍색의 예쁜 얼굴
싸리나무 가지에 매달려
풀피리 노랫소리 들려주네

백발의 시어머님 머리카락 날리니
고추잠자리도 날아가네
목화 꽃송이 솜 뽑는 나를 위해
석양의 해를 보며 누렇게
마을을 수놓아 지천으로 휘날리네
가을 연분홍색 싸리나무 꽃이여!

해바라기꽃

앞산 언덕 붉은 태양이 떠오르니
연 날리며 쥐불놀이하던
옛 일라울 청년들이여!
일어나라

태양 닮은 꽃이 피었노라
찬란한 해바라기꽃

덕학리 일라울의 태양은
청년들이여 오라고
앞산 언덕 펀덕에서
마을 앞 터전 흙에서
함께 놀다 간다고
태양 닮은 해바라기꽃 피어
한나절 놀다가 지나가네

18세 순이는
지게 지고 나무하러 가는
키 큰 농부 남편 하나 바라보며
평생을 살아왔네
해만 바라보는
해바라기처럼.

야생 주홍서나물꽃

산꼭대기 산중턱에서 만난
주홍서나물꽃 족두리 앞 수술
꽃 새색시 부끄러워
얼굴 들지 못하여 고개 숙인
너의 아름다움을 우아한 꽃 색깔로
덩치 큰 나에게 다 내어주느냐

주홍서나물
꺽다리 꽃 피워도
저녁때 집에 오면
널 그리워 산언덕 위 꽃 너머
아름다운 꽃송이 주렁주렁 종꽃을
내일 또 꽃피운 너의 모습을
만나러 가야지.

고마리(고마니)꽃

줄기의 마디 연분홍 꽃으로
한 폭 얽히고설켜
꽃대 가시로 장식하며
초록색 뾰족한 한 입
또 한 시샘이나 하듯
우뚝 서서 맑은 연분홍 꽃 피워
산 들판 아름다운 모습으로
산골짜기를 환하게 비추네

지나는 가을바람 맞으며
덩쿨로 엉켜 앉아
벌 나비를 기다리네
날아가는 가을 고추잠자리는
날갯짓하며 꽃 위에서 춤을 추네.

물봉선화

오리나무 위에
매미 소리 울어대는 여름
새즘터 가는 길옆
논두렁 수로 가에 핀
물봉선화

지나는 아낙네들 설레네
벌 나비는 춤을 추며
물봉선화꽃 군락지를 날아가네

학자 마을 청년들 자치기하던 터
질마재 구제길을 넘실대며
물봉선화꽃 피웠네.

세 잎 클로버

진분홍 세 잎 클로버
이슬 맺힌 아침

칠월의 무더위도 잊은 채
비암사 산행길로
지나가는 행인들
마음을 흔들어 놓네

진분홍색의 꽃
달덩이처럼 환한 미소에
초록 거미도 놀다 가네

덕학리 사람들
농기구, 호미, 삽 어깨 메고
금사리 고갯길 옆에 핀
진분홍색 클로버 꽃구경하며 지나가네

행운이고 행복이네.

토종 나팔꽃

진보랏빛 나팔꽃
여러 갈래 줄기 틀어
층층 꽃잎 사이
달덩이 얼굴 환히 내미네

구재길 지나 진보랏빛 나팔꽃 핀 밭둑
학자 마을 옛 청년들 환한 얼굴들도
오늘은 달덩이 되어 떠오르네

열 폭 꽃잎의 보랏빛 나팔꽃
가을바람이 마을 도랑
푸른 물결 휘감아
꽃향기 피우니
청년 농부들
얼었던 마음 깨우리라.

할미꽃

앞산 언덕 꼬불꼬불
꼬부랑 고갯길
시어머니 따라 공주 장에 가던 길

시어머니는 콩 한 말
나는 쌀 한 말 머리에 이고
앞서거니 뒤서거니 가네
앞산 언덕 길옆에
할미꽃이 피었네

뽀얀 솜털 모자 쓰고
고개 숙여 붉게 핀 할미꽃

시어머니 질마재 서당터
뒷산에 묻히셨네

그리워라
보고파라
시어머니 산소에
안부 인사 갔더니
꼬부라진 할미꽃
반갑다 맞아주네.

코스모스꽃

토실토실 알밤 툭툭 떨어지는데
가마솥 고구마 노릇노릇 잘도 익었네

한 해 농사 잘 지었다고
비둘기 구구구 날아가는데
마을길에 가을바람 휘날리며
코스모스꽃 활짝 피었네

한 잎 두 잎 갈라진 꽃잎
해님 얼굴 닮았네

벌 나비 친구들 사뿐사뿐 날아와
코스모스 가을 길 재촉하니
달밤에 찾아온 솥작새 솥쩍다 솥쩍다
꽃잎에 속삭여 들려주네

옛 생각에 젖어
동네 샘물 한 바가지 두 바가지
동이에 물 길어 머리에 이고 가는 아낙네들
광목 치마저고리 월남치마 휘날리며
코스모스 핀 길로 지나갔네.

진달래꽃

일라울 뒷동산 등잔골 너머
장구재 큰 구재
골짜기 가득
분홍색 진달래꽃
지천으로 피었네

논두렁 가래질 소리
삽자루 꽂아두고
아지랑이 가물거리니
산 언덕길 지나 집으로 오는 길에
진달래꽃 향기 취해
눈동자에 담아
가슴에 품고
마을 골목길 지나 진달래꽃
향기 집 마당에 내려놓았네.

개나리꽃

집 앞 담장 밑의 개나리꽃
휘영청 늘어진 가지 사이로
활짝 피었네
노랑 꽃잎으로 노래 부르니
개나리꽃 나무 아래로
봄 마실 나온 노랑 병아리
삐약삐약 날갯짓하며
노래 부르네.

Ⅱ부
인연의 꽃

징검돌다리

냇물에 돌 하나 놓고 또 하나 놓고
손잡고 건네주던 오빠들과 언니들

징검돌다리 백기미길 지나
큰 집 가마솥 뚜껑 위 지글지글
꼬신 들기름 냄새 백기미 동네 퍼지네

친정어머니 친척 아들딸 부르는 소리
노란 배춧잎 전, 무전
들기름으로 노릇노릇 지져낸
부침이 해 주시던 친정어머니
오빠들 언니들과 맛있게 냠냠 먹었다네

조종산 밑 옹달샘 물 지나가는 행인들
종그래기 물 한 바가지 꿀꺽꿀꺽 마시고 지나가네
친정어머니와 초가집 대문 밖의
우리 집 옹달샘 물
추억의 그리운 어머니 생각.

동혈사 소풍

덕학리 사람들, 도덕초등학교 학생들 함께 동혈사 절로 소풍 가는 날. 천태산 언덕 떡갈나무 숲길 지나 마을 학생들, 선생님, 학부형은 도시락 가방 메고 구부러진 언덕 비탈길 걸어서 올라가고, 개미 떼는 줄지어 가고, 날다람쥐는 날며 가네.

소나무 인사하며 반겨주네. 스님 염불하는 소리 들리네. 동혈사 전설 속 쌀바위 구경도 하며 천태산 언덕 봄 소풍 행사는 진행되네.

돗자리 펴고 뺑 둘러앉아 선생님, 학생, 학부형과 남편, 우리 가족 함께 떡, 김밥, 과일, 음료 등 푸짐한 음식 나눠 먹던 추억의 숲속 언덕. 보물찾기, 장기자랑 상품도 타고 즐거워하던 아이들과 동네 사람도 소풍 갔다 오던 길.

진달래 꽃잎은 지고, 때중나무 달린 열매 풍경소리 들으며 동혈사 절 내려오는 옆에 서 있네. 즐거운 봄 소풍 갔던 아이들 어른이 되었네. 꾀꼬리 소리 멀어져가네.

동혈사 절로 아이들과 소풍 갔던 추억의 천태산 덕학리 언덕길.

일라울 왈츠 공연

앞산 언덕 태양이 비추니 들풀꽃 활짝 핀 학자 마을에 강남 갔다 3월 삼짇날 돌아온 제비 부부 2쌍. 학자 마을 공연장에 벌써 6월의 공연이 시작되었다.

뻐꾸기는 노래하며 실개울 지나가고, 박사네 집 처마 끝 삼선 전깃줄에 사뿐히 앉아 지지배배 짹짹 흔들흔들 줄 잡고 노래 부르네.

안방 창문 방충망 구멍으로 제비 얼굴 디밀며 지주굴 지지배배 짹짹 학자 마을 끼고 우리 부부 단잠 깨우네.

백합꽃, 초롱꽃, 원추리꽃도 춤을 추네. 맹인 교직자네 집 들러 짹짹 비행하며 찍고, 덕들레이 일레이 학레이 요들레이 요들송 부르며 찍고, 농부와 아낙네들 농기계 연장 악기도 울려 퍼지니 왈츠 공연은 화려했다네.

제비 가족 10마리 고공비행하며 박사네 집 마당 찍고, 경운기 타당 탕탕 장단 맞춰 서당터 하늘을 날며 훈장네 집 찍고, 들풀꽃도 춤을 추네.

전깃줄에 모두 모여 앉아 줄타기하며 지지배배 짹짹 노래 부르네. 찬란하게 피워낸 일라울 학자 마을 들풀꽃과 제비들의 왈츠 공연은 나를 춤추게 하네. 옛 청년들, 아이들, 학자 마을 농부와 아낙네들 관객이 되어 지나가네.

화려한 왈츠 공연은 끝나지 않았네. 해 뜨는 태양에 이어 일라울 언덕 달밤 이야기….

까마중

꼬끼오 장닭 울음소리 뒤로하고
모과나무 골짜기
뿌연 안개 머리 위로 지나가네
초록대 잎 사이 탱글탱글 익었지
아이들 입 한가득 물들여 놓은
검정색 까마중 열매
풍성한 가을 길 재촉하네

하얀 첫서리 내리며
새까만 까마중 열매
낫으로 베어 꺾어다
헛간 처마 밑 매달아 두었지

겨울 길로 까마중 열매
고개 숙여 인사하네.

놋수저

초가지붕 아래 가마솥 아궁이
보릿대 후다닥 딱딱 타는 소리
복슬강아지 깨갱깨갱 놀라 짖어대네

명가나무 가시덩굴
삽짝 너머 대추나무 꼭대기
까치 한 마리 꽥꽥 끽끽
기쁜 소식 들려주네

달팽이 놋수저 가마솥 보리밥
누룽지 달그락 닥닥
득득 긁어 꾹꾹 뭉쳐
오빠 언니 한 덩이 나 한 볼팅이
고시한 냄새
앞집으로 퍼지네

춘자야 병철아
나와 함께 먹자
깡보리 누룽지 깔깔대며 먹던 추억의 시절
오도독오도독 고소한 가마솥 보리밥
누룽지와 달팽이 놋수저와 가마솥 그리며
추억에 젖어보는 어느 봄날.

보리타작

보리타작하던 날
애롱애롱 왱왱거리며
보릿단 보리 알갱이
마당에 수북이 쌓이네

뻐꾹뻐꾹 뻐꾸기 더위 몰고
키 큰 남편
밀짚모자 위로 날아가네

꼬옥꼬 어미 닭
보리알 먹이 찾아 새끼 부르니
삐약삐약 노랑 병아리
우르르 몰려와 배 채우고
날갯짓하네

남편이 발로 밟아 호롱기 돌아가는 왱왱 소리에
앵두나무 가지엔 청개구리 꽥꽥거린다

무더위 실바람 스쳐가네
호롱기 위에 보릿단 올려 털면
춤을 추며 산봉우리처럼
쌓이는 보리 알곡들

덕학리 일라울 박사네 집
애롱애롱 지지배배 짹짹 제비도
하늘을 날며 노래 부르네
시 쓰는 아낙네
찌르륵 찌르륵 여치 집 만들 보릿대 다발
묶어 쌓으며 흥얼거리네.

부부 사계절

공주시는 예로부터
양반의 고을
교육의 도시라지
학자들이 살고 지나간
덕학리 일라울 마을에
간호학 박사 하나 태어났네
산골짜기 개울가 도룡뇽 맑은 물
둥글게 알을 품으니

버들강아지 실개울 가 꽃 피웠네
살얼음 돌 틈바구니
개구리 꽤르륵 꽥꽥 기지개 펴며
개굴개굴 인사하네
동네 아이들 학교 가자 부르네
학자 마을 덕학리 앞산 언덕에
메아리 울려 퍼지네

봄 씨앗 논밭 고랑 씨 뿌리고
여름 원두막 달빛 아래
일라울 다랭이 들녘 초록색 청춘
곡식 한들한들 춤을 추며
박사마을 사람들 비바람 맞으며 지나가니
가을 황금 들녘
알밤 투둑투둑 떨어지는 소리
참죽나무 꼭대기 매에 맴 매미 소리
알알이 통통 익어가는 황금 곡식
농부 품에 안기며 웃음 짓게 하네

겨울잠 자려고 내리는 하얀 눈 이불 되어
박사 마을 집에 쌓이네
부부 사계절 삶 속의
일라울 마을 언덕의 농부 이야기.

둥시 감나무

감꽃 핀 여름 사랑채
대문 밖에 둥시 감나무 한 그루
새벽닭 꼬끼오 소리
잠 깨우는 소리에 놀라
장꽝 뒤 엄나무에 잠자던 참새
휘리릭 휙

참새 떼들 짹짹 잭
감꽃 핀 둥시 감나무에 사뿐히 앉아
사랑채 문밖의 돼지우리간
검정 돼지 단잠 깨우네
꿀꿀 꿀 부스스 눈뜨며
밥 달라고 쿵쿵대며 꿀꿀거린다

사랑채 가마솥 소죽 쑤면
굴뚝 연기 모락모락 뭉게구름 되어
밤나무 뒷동산으로 날아가네

덕학리 열네 살 생일꾼
키 큰 농부 지게 위에
쟁기 지고 으음 매에 소꿉뱅이 소 몰고
논갈이 가네.

비녀

아녀자의 곧은 절개
아녀자의 쪽
여인네의 비녀

가지런히 빗어 내린
머리카락

명주실 꼬아 머리끈 묶어
똥아리 틀어 꽂은 은비녀
쪽 틀어 꽂은 금비녀 뿔 비녀

아녀자의 시작
애한
삶의 장신구
비녀.

학자 마을

해촌 선생님은
덕학리 언덕 일라울 마을에서 태어난
최고 인물
훌륭하신 분

교직자로 수많은 제자들 길러내시고
서예가로 대통령상을 타시고
시 낭송가로 대상까지 타신 분

이곳 덕학리 언덕 일라울 마을엔
훈장, 특수학교 교육자,
유치원, 초등, 중등, 대학 교수,
간호학 박사, 화가 등등
수많은 교육자, 예술가들이 태어난 곳

그래서 학자 마을
덕학리 언덕 일라울 마을.

앞산 태양

동쪽 태양이 붉게 떠오르는 앞산 언덕에
용솟음치며 떠올라
앞산 언덕 꼬불꼬불 비탈길 비추니
산까치도 날아가네

옛 훈장님 하늘천 따지 옛 청년들
따라 배우던 서당 사랑채 보이네
덕학리 일라울 마을 앞 실개울 가
휘영청 늘어진 버드나무도 춤을 추네

산꼭대기 비둘기 한 쌍
구구, 구구구
둥지에 앉아 봄노래 들려주네

따뜻한 햇빛 이불 되어 주고
산수유꽃 몽실몽실 피어나는데
뭉게구름도 덩실대네

앞산 언덕 지나가네
봄바람 내 머리 위 골목길
훈장님네 집 마당 지나서 가네.

야생 산딸기

칠월 하순 매에 맴 매미 소리 들으며
일라울 말잔등이 길을 지나
토종 다래나무 꽃핀 곳을 지나
절터 산 능선 꼭대기 올라서니
알알이 탱글탱글 빨갛게 익은
야생 산딸기

달콤한 냄새 입가에 한입 물고
한 알 두 알 세 알 먹다 보니
입안 사르르 녹아 없어지는
산딸기의 맛

야생의 맛
만나기 힘든 토종의 맛
소중한 그 향기로
학자 마을 옛 청년들을 기다리며 부른다

나는 먹어 보았지
야생 산딸기를.

삿갓 식물

삿갓처럼 생겼네
깊은 산속 고목나무 옆에 숨어
농부가 들 지게 지고
가랑잎 나무 갈퀴로 슥슥 긁어
두 어깨에 짊어지고 가는 길
산까치도 지나가네

농부여!
가는 길 비 내리면
삿갓 속 우산 속에
쉬었다 가게나
두더지도 봄나들이 나와
삿갓 대 밑에서 쉬어 가는데

옆에 있던 뽕나무도 뽕 뽕뽕
나팔 소리 들려주는구나

일라울 마을 언덕 산골
여름 나들이
들풀들의 공연.

소 구루마

소 구루마
친정아버지 논밭 쟁기질 골 파고 보리씨 뿌렸네
대나무 쓱싹 베어 쪼갰네
아궁이 장작불에 달궈
구부려 갈퀴 만들고
칡덩굴 쪼갠 끈으로 엮어 만든
대나무 갈퀴로 보리밭 흙 긁어 덮었지
가난했던 시절에
아버지 손톱 발톱 다 닳도록 가족을 위해
곡식들을 가꾸며 키웠네
호랑나비 날아가네
비둘기 구구구 봄 인사 귓가에 들려주네
여름 아지랑이 가물가물
뻐꾹새 울며 가고
가을 들녘 출렁이는 황금 나락들
나는 아버지 바지 잡고
소 구루마 타겠다며 칭얼댔었다

나를 소 구루마에 태웠다 삐거덕 덜거덩
아버지 끌고 가는 우마차 타고
논으로 가네 아버지 벼 나락단을
소 구루마에 가득 싣고
소 방울 소리 딸랑딸랑 잘도 간다
아버지 따라 나도
집으로 걸어갔다
추억 속의 소 구루마.

토종 뽀리똥

시집와서 처음 먹어 본
옛 보리수나무 열매 뽀리똥

높은쟁이 언덕길 넘어 찾아간다
왕보리수 열매 먹어 보아도
토종 빨간색 뽀리똥 그 맛을
잊지 못하여 다시 먹어 본다
옛날 그 시절
그립구나

왕보리수나무 열매
달달함으로 내게 다가와
입맞춤하려 하느냐
토종 옛 뽀리똥
그리운 그 맛.

인생 노을

인생, 너
인생, 물, 산바람
먹고 산 인생
인생의 인연과 노을이 되어
돌고 돌아 흙으로 묻히다

네가 살아온 모든 날 중에서
오늘 우리 부부가
가장 아름답다.

마을길을 거닐며

반장은 무슨 일을 하든
마을을 위해 하고

해 뜨는 마을 사람들은
무슨 일을 하든
해가 머물며 놀아줄 때
자신을 위해 한다.

봄

앞산 진달래꽃
뒷동산 산수유꽃 피었네

노랑나비 살랑살랑
비둘기는 구구구
햇님 머물다 지나가는 길목에

나는 소쿠리 들고
실개울 가에서
냉이, 달래, 씀바귀 캐러 가는
칠십 그림자 다가오는 어른 아이다

지는 해 노을 따라 봄날은 가는데
나도 그 길목에
하염없이 서 있네.

교회 집사님

일라울 오지 산골 마을 언덕에
새로 지은 큰 건물 하나가 들어섰다

진골 언덕에 있던 덕학침례교회가 없어지고
마을 앞에 안식일 교회가 새로 생긴 것이다

곱살하게 생긴 교회 집사님
한 분이 이사 오셨다

고기를 못 드시는 그분을 위해
미역국도 끓여다 주고
잣 갈아 죽 한 냄비도 끓여 주었다
내 딸처럼 생각한다며
함께 놀아주고 말동무도 해주셨다

헤어질 때면
또 놀러 오라며 손짓하던
강태갑 집사님

지금은 빈집으로 남아 있는 교회
들리지 않는 종소리만
귓가에 맴돈다.

닭의장풀꽃

실개울 가 닭의장풀꽃
시냇물 소리 친구 삼아
줄기 꼭 잡고
여러 갈래 줄기에 매달려
꽃피운 찐 노랑색 얼굴로 웃으며
하얀 수염 뽐내어
두 개의 가느다란 다리에
예쁜 노랑색의 꽃가루
신발을 신었느냐

꽃가루 휘날리어 그곳
그 자리에 한 폭으로 피어
실개울 지나는 아낙네들
눈동자 닭의장풀 풀꽃에
반해서 속삭여 본다.

추억 여행

동네 사람들
일만 하다가
모처럼 먼 곳 제주도로
여행을 떠났네
말도 타고 사진도 찍었지

선희네 형님 강태갑 집사님과 함께
안영순 언니와 유채꽃밭에서
사진도 찍고
흑돼지 삼겹살도 먹었지
임봉금 집사님 감도 싸 오셨지
장미화 씨는 어른들 챙기며
나는 추억의 사진사로 찰칵찰칵

어명민속촌 돌하르방 지나
바닷가 배 타고
마라도 섬에도 갔었지
백년초 과자도 사 먹고

안영숙 형님 손가락만 한 윷가락 가져와
밤새워 던지며 놀았지
강태갑 집사님 말했지
우리 다시는 못 올겨
희숙 엄마 주선한 덕에
행복한 시간 보냈다며
모두들 죽어도 못 잊는다던
추억의 제주도 여행

어른들 모시고 무사 귀환으로
소중하고 행복했던
섬 여행.

동네 큰 샘터

시집온 지 일 년
농부 키꺽다리 남편 지게 지고
광정 장고개 넘어 퉁퉁바위골로
삭정이 푸적나무 하러 가면
나는 판내기에 시부모 가족들 옷을 담아 머리에 이고
동네 큰 샘터로 빨래하러 간다

보릿겨 쌀겨 양잿물로 만든 빨랫비누와
방망이 들고 샘터에 앉아
콧노래 흥얼거리며 장단 맞춰
빨랫방망이 두드린다

빨강색 월남치마
시어머니가 사 주신 치마 펄럭이며
시린 손가락 호호 불며
빨래 판내기 이고
논두렁길 걸어 집에 오는 길이면
키꺽다리 남편
나무 한 짐 지고 저만치 오네

어서 가서
가마솥 아궁이 불 지펴
김치 송송 썰어
국수 뚝뚝 잘라 넣고
쌀 섞어 끓인 죽
맛있게 해드려야지.

일라울 마을 언덕 이야기

북으로는 국사봉
남으로는 천태산
동쪽으론 앞고개
서쪽으론 장고개

동서남북 산뿐인 마을
그래도 하루 종일
해가 놀다 가는 마을

공주 장 삼십 리
조치원 장 삼십 리
전의 장 삼십 리
광정 장 시오리 길
오지 마을 일라울 산골 마을 언덕

지금은 동서남북 뻥 뚫려
일라울 삼거리도 생기고
가을이면 알밤 체험하러
전국에서 구름처럼 모여드는 곳

학자 마을에서
하루 종일 해가 놀다 가는 곳
그래서 해바라기 꽃피는 마을
하루 종일 글공부 소리 끊이지 않던 곳
그래서 학자 마을 꿈꾸는 곳
일라울 마을.

예배당 풍경

덕학리 산 92번지 산골 마을 언덕에
맨 처음 덕학침례교회가 1945년 세워졌다지

292번지 터에 안교연 씨와 몇몇 성도들이
처음 가정예배를 보다가
의당면 중 처음으로 덕학침례교회를 세웠다네

큰 대포알을 거꾸로 매단 듯 생긴
예배당 종소리 울려 퍼지면
동네 사람들 하나둘 모여들었지

임도철 훈장님, 아들 며느리, 손자와
키 큰 농부 김성영 남편도
예배당에 가서 기도했다지
좋은 아내 만나게 해달라고

그 꿈 이루어져
18세 순이 남편 따라
흰 면사포 머리에 쓰고
빨강 치마저고리 입고
교회에서 결혼식 올렸다네.

새뱅이

동네 작은 빨래터에
빨래하러 갔다가
처음 본 물벌레

유리에 비추듯 뱃속까지
환히 보이던
허리 굽은 물벌레

시아버지 바지저고리 빨며
방망이 팡팡 두들겨 대면
허리 굽은 물벌레 깜짝 놀라
긴 수염 곧게 세우고
허리 쭉쭉 펴고
헤엄치며 달아난다

처음 본 물벌레 신기하여
보리 베러 가는 신랑께 물어보니
벌레가 아니고
토하 새뱅이라는 물고기란다.

저녁 풍경

저녁연기
모락모락 피어날 때면

순옥아
해영아
밥 먹어라
불러제끼는 엄마들 목소리

초가집 등잔불
깜빡깜빡 졸고 있으면
뒤울안 감나무 위에
솥작새 울음
솥 쩍다 솥 쩍다
배고파 우네

달은 중천에 떠서
구름 속을 지나는데
장에 가신 큰아버지 오시지 않아
키 큰 신랑은
호롱불 들고
마중하였다네.

▣ 김정순 시 심사평

김정순 시인은 충남 공주시 의당면 덕학리의 '일라울 마을'에서 농사를 짓는 분이라는 소개였습니다. 농사를 지으며 마을의 반장 일을 자랑스럽게 생각하는 분이라고 하였습니다. 적십자사 의당면 지부장을 맡아 봉사에도 앞장서는 분이라고 하였습니다. 저서를 두 권 내었지만 순정한 시심으로 시를 지어 시집 한 권 분량에 이르렀다는 전언(傳言)이었습니다. 시집 한 권 분량의 응모 작품을 정독하며, 순수한 시심에 젖은 바 있습니다.

가시나무 사이
휘영청 백옥 같은
꽃잎으로
촘촘 올라앉아 피운 꽃

나를 보라
가시나무꽃 휘어 늘어뜨린
찔레꽃 향기
열두 치마
　　　　—「찔레꽃」일부

김정순 시인은 마을의 꽃길을 잘 가꾸는 것 같습니다. 그리하여 스스로 나고 자라서 꽃을 피우는 대상에 대한 사랑이 깊은 것 같습니다. 사람과 사람 사이에 아름다운 우정을 나누는 것처럼 자연의 꽃과도 사랑을 나누는 분 같습니다. 30여 편의 꽃노래(시)를 읽으며 시심 역시 그러하리라고 믿어 당선작품으로 선정합니다.

 심사위원
 - 엄기창(시인, 대전문예대학 교수, 한국문학교육연구원장)
 - 리헌석(문학평론가, 사단법인 문학사랑협의회 이사장)

찔레꽃

학자 마을 일라울 삼거리
논두렁에
한 폭의 그림 같은
찔레꽃 피었네

가시나무 사이
휘영청 백옥 같은
꽃잎으로
촘촘 올라앉아 피운 꽃

나를 보라
가시나무꽃 휘어 늘어뜨린
찔레꽃 향기
열두 치마

다랭이 논두렁을
병풍처럼 펼쳐 안은 채
꽃향기로
젊은 가슴 유혹하네.

산 참나리꽃

학자들이 누비고 다녔던
산골짜기 언덕에
한 폭의 참나리꽃
가냘픈 모습으로
비바람 맞으며
어이 홀로 피었느냐

참나리 꽃잎
손짓으로 햇빛 반기며
날카로운 꽃잎
자태를 뽐내며

달님 베개 삼아
소쩍새 노랫소리
자장가 삼아
내일도 꽃 피우기 위해
산골짜기에서
홀로 잠이 들었느냐.

소풍

　오빠 언니들하고 진악산에서 다래 순, 고사리, 우산대 나물도 함께 꺾어왔다. 선생님과 반 친구들하고 진악산 도구통 바위 보석사로 소풍도 갔다. 노래도 하고 보물찾기도 했다.

　산 중턱 우뚝 솟은 도구통처럼 생긴 바위가 있다. 친구들과 헉헉대며 엄마가 싸주신 강냉이 빵, 쌀밥 보자기 들고 갔다. 연순이, 춘자, 양례와 함께 소풍 가던 길, 음지골 양지골 실개울 모여 졸졸졸 흘러갔다.

　조종산 건너편
　칠백 의사 혼과 함께
　영규대사 호령
　잊지 말자 묵념하며.

흰 코고무신

친정엄마 신고 다니던
하얀색 코고무신
엄마가 사 주신 새 신발 신고
고향 떠나 시골길 따라
먼 곳으로 시집왔네
초록 저고리 치마 끝자락 밑
하얀색 코고무신 뾰족한 콧날
치마허리 질끈 동여맨 아래
예쁜 발가락 감추고
마을 모퉁이 돌아 돌아 걸어왔네
친정엄마 만들어 주신
빨강 저고리 치마 입고
하얀색 코빼기 고무신 신고
삼백 리 길 시집왔네
추억 속의 흰 고무신 볼 때마다
시집가서 잘 살아라
절에 가서 기도해 주던 친정엄마
새록새록 그리워라
흰 고무신 속에 담겨 있는
젊은 날의 그리움이 오롯하여라.

◩ 당선 소감

5월은 제게 행운의 달입니다. 《문학사랑》 신인작품상을 받게 되니 얼마나 기쁜지요? 그동안 틈틈이 써온 작품들을 선보이는 마음이 한껏 설렙니다.

저는 의당면 일라울 마을(덕학리)에서 농사지으며, 여러 해 반장으로 봉사해 온 시골 아낙입니다. 그리고 저는 누구보다도 마을을 사랑합니다. 어른들을 공경하는 일과 마을을 가꾸는 일을 열심히 해왔습니다. 그러면서, 사람 못지않게 열심히 꽃을 피우며 사는 식물들을 보면 눈물이 나곤 합니다.

이제는 소소한 생명들과 일상을 시(詩)로 쓰는 일 또한 일과가 되었습니다. 시는 저에게 새롭고 행복한 인생 후반을 선물해 주고 있습니다. 계속하여 시를 사랑하겠습니다.

평생 저의 든든한 뒷심인 남편 김성영 님과 아들과 딸을 사랑합니다. 또한 늘 애락(哀樂)을 함께하는 일라울 이웃들, 언제나 글 쓰는 용기를 푸짐하게 주시는 수촌리 박용주 시인님, 그리고 작품 심사위원님들께 감사드립니다.

나날의 삶을, 사람을, 생명들을 더욱 사랑하겠습니다. 고맙습니다.

일라울의 꽃
수향 김정순 시집

발 행 일	2025년 7월 10일
지 은 이	김정순
발 행 인	李憲錫
발 행 처	오늘의문학사
출판등록	제55호(1993년 6월 23일)
주 소	대전광역시 동구 대전로 867번길 52(삼성동 한밭오피스텔 401호)
전화번호	(042)624-2980
팩시밀리	(042)628-2983
카 페	http://cafe.daum.net/gljang(문학사랑 글짱들)
인터넷신문	www.k-artnews.kr(한국예술뉴스)
전자우편	hs2980@daum.net
계좌번호	농협 405-02-100848(이헌석 오늘의문학사)
공 급 처	한국출판협동조합
주문전화	(02)716-5616
팩시밀리	(02)716-2999

ISBN 979-11-6493-386-0
값 10,000원

ⓒ김정순 2025

* 이 책의 판권은 저작권자와 오늘의문학사에 있습니다.
* 이 책은 E-Book(전자책)으로 제작되어 ㈜교보문고에서 판매합니다.
* 잘못 만들어진 책은 구입하신 서점에서 교환해 드립니다.